水道水の味を説明する

鈴木ジェロニモ

ナナロク社

せつ‐めい【説明】事柄の内容や意味を、よく分かるようにときあかすこと。

広辞苑（第七版）より

目次

水道水の味を説明する

美味い

体積がある

味はある

見た目より味はある

喉が迎えに行っている

口の中の筋肉を使う

完成している

ゴール

舌の両サイドが味を探している

舌の真ん中は反応していない

口の中より冷たい

重たい

しょっぱくはない
辛くはない
甘い

ずっと残っている
完全に無くなることはない

人間にとっては安全だけど
他の生き物にとっては安全ではな
いかもしれない

人が作っているかもしれない

匂いと見た目は同じ
味は違う

優しくはない

丁寧ではある

口の形に一回なって無くなる

記憶で味わっている

記憶と繋がっている

何かに負けた後の味

負けた後にもう一度始めようとするときの味

飲む以外の方法がありそう

体の中には無さそう

ちょっと落ち着いている

笑顔ではない

人工物

飲めば飲むほど増えている気がする

これの元があってそれに似せて作られている

これの原作がある

ずっと何かを探している

聞こえそう

もうひと波来そうだけど来ない

一方通行

濃厚

濃厚なこれ

これとしての味がもっとも濃い

同じ味が違う向きで入ってくる

体の内側と外側を近付けている

右手で飲んでいるのに
左手で飲んでいる感じがする

歯で噛める
噛むと逃げる

飲んでいると体が下の方に移動している

0ではない

1の味

他の飲み物がこれを目指している

舌が先にこれの味になっている

鏡の味

何回飲んでも初めて飲んだ気がする

美味い

一円玉の重さを説明する

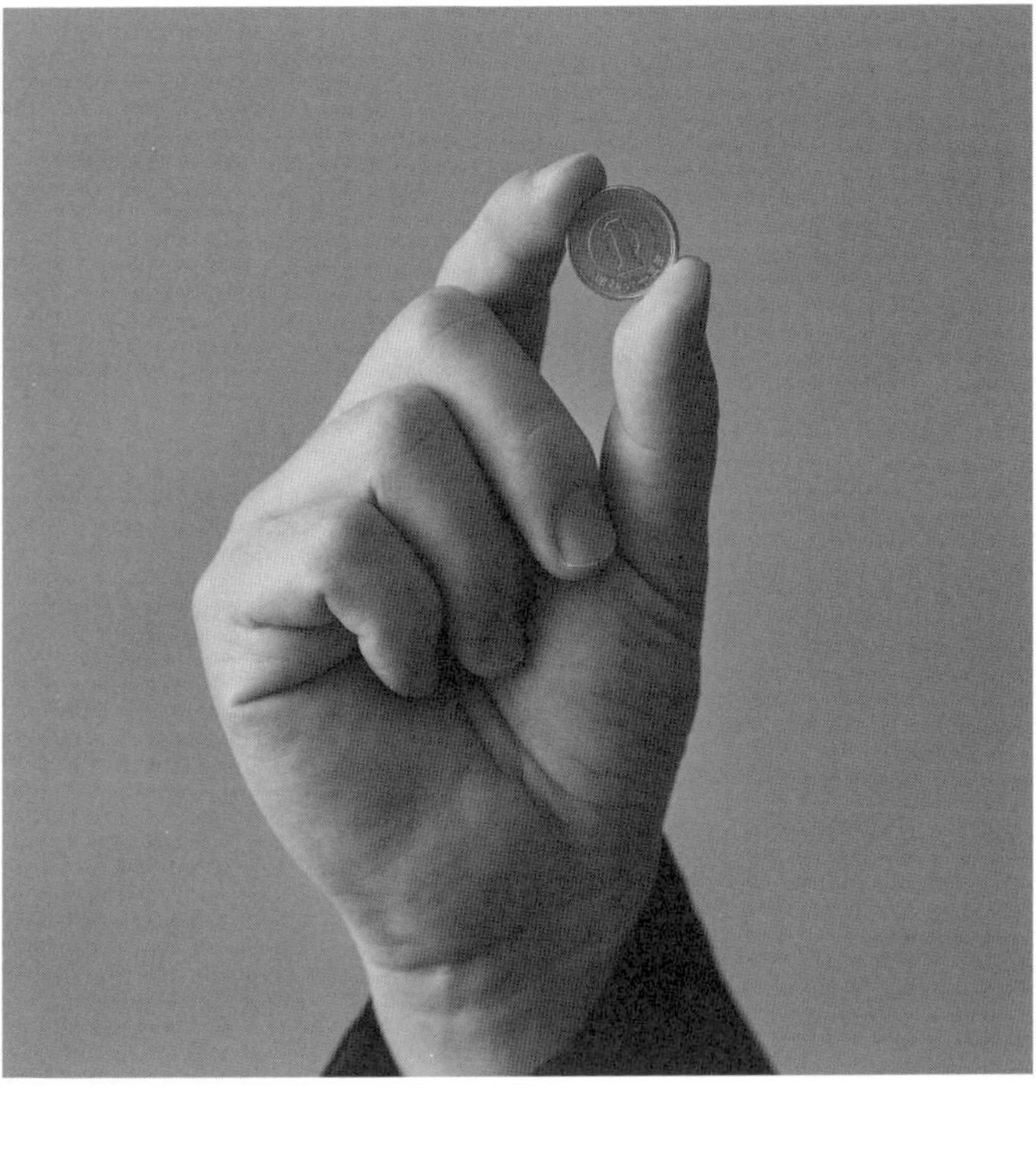

軽い

とても軽い

硬い

こんなに硬いならもっと重くていい

手に接着したときがいちばん重い

だんだん軽くなる

投げたくはならない
投げたくならない軽さ

もっと重くすることもできたはず

これが基準ではない

基準より軽くなるように作られている

過去の空気中にあったものが集まっている

強い

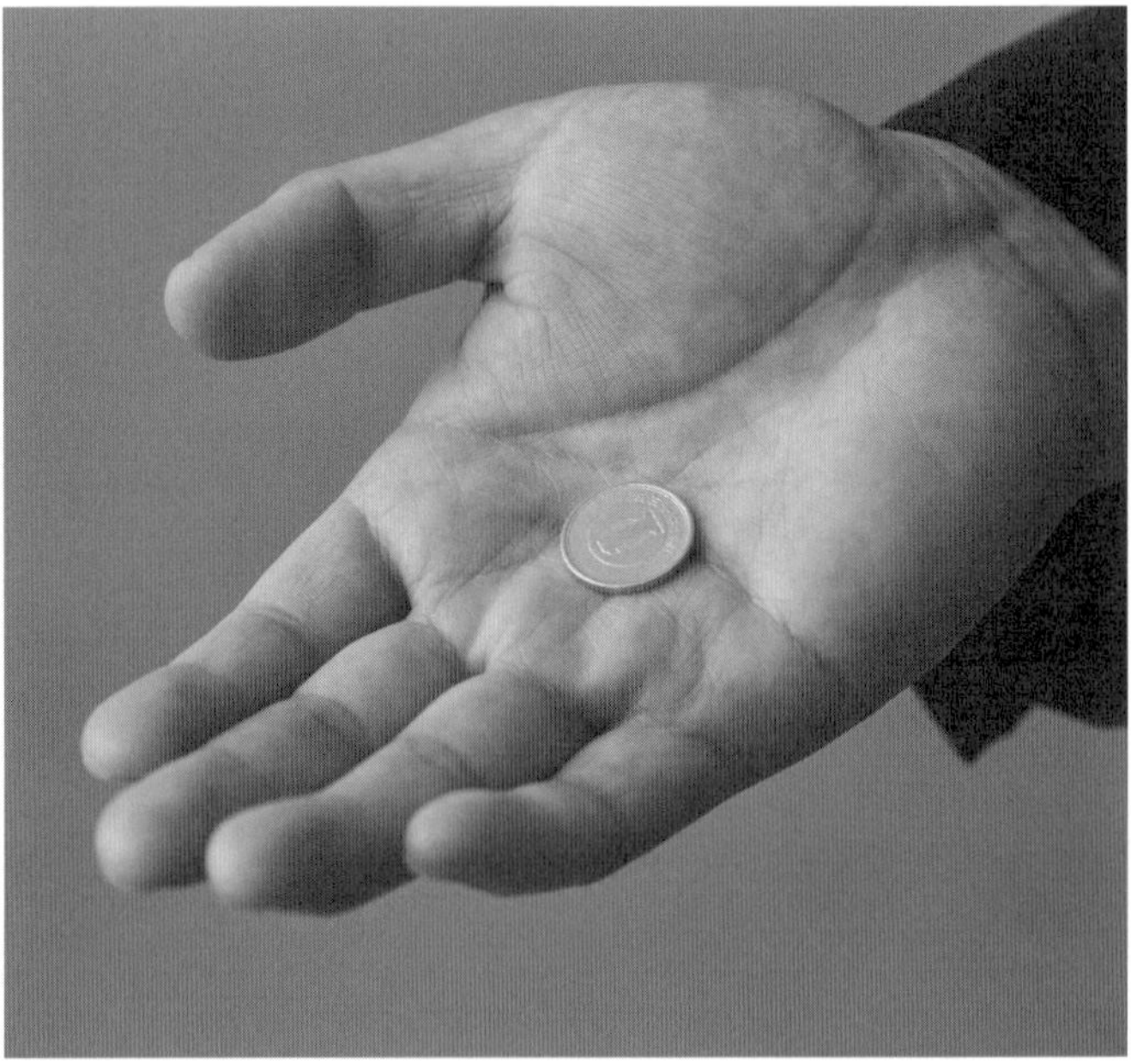

強いから軽い

重力に仕方なく従っている

宇宙の素材が地球に合わせている

軽いことがストレスになる重さ

重いものを持ちたくなる

手で持つのがいちばん軽い

トートバッグに入れてたら重い

軽さの仮の到達点

これより軽くすると危ない

厚い

厚みに意味がありそう

厚みがあるのが怖い
大きさは怖くない

厚みと大きさが合っていない
大きさと重さは合っている

もっと小さかったものを広げている

中心が浮いている

中心が上に行くのを外側が押さえている

外側の重さ

一円は安い

一円にしては大きすぎる

五円の重さ

本当は何でもできるのにあえて頼られないようにしている

逃げるのが得意

諦めている軽さ

でも覚悟がある

潔い

風に飛ばされたい

風の中を舞ってみたい

風がぎりぎり関われない重さ

風を諦めた重さ

無視できない重さ

造花の匂いを説明する

ほぼ無い

無臭

あると思わせてすごく無い

匂いが凹《へこ》んでいる

くぼんでいる

フェイク

嘘の匂い

0の匂い

あると思わせて無い

すこしある

布の匂い
糸が重なっている匂い

繊維

こういう形をしていると気づいて
いない

造花が理解していない

花になりきれていない

布だと思っている

もう布としか思えない

拭きたい

鼻が嗅がされている

嗅覚が頑張っている

鼻の匂い

自分の匂い

嗅覚が冷笑されている

冷笑されたと感じるけどそんなつもりはない

鼻が目になりそう

目を瞑《つぶ》りたくなる

この形をしていることが不思議
形が平らでないことが不思議
実物があることが不思議

映像の匂い

すごく遠くに人がいる

自立した製品の匂い

消そうとして消しきれない匂い
繊維の記憶の匂い

布の思い出が香っている

服の匂い
買わなかった服の匂い

ずっと変わらない

あたたかい

寂しい

誰もこちらを向いていない

太陽の位置が分からない

太陽に隠れて咲いている

人工の光の匂い

人に会いたくなる匂い

どこかからやってきてどこかへ
行ってしまう匂い

命と命の間にある匂い

その自覚はある

色と形に騙されている

騙すつもりはない

花をやらされている

つくり笑顔の匂い

咲かされている

本当は自分で咲いてみたい

造花の匂い

まばたきを説明する

弱い

速い

あらがえない

先にしている

追いつけない

強い

強くて速い

強いから速い

強すぎて追えない

目が閉じているとは思えない

目を閉じていないことになっている

始めはずっと閉じていた

開ける機能が後から搭載された

見えない

強すぎて見えない
強いから見せない

見せないほど強い
目を開くのが強い

速いパンチ

速すぎるパンチ

速すぎて二回している

認識の倍速い

最も速い夜

夜に追いつけない

瞼《まぶた》がしなっている

しなる速さ

目を閉じる前の記憶を見ている

残像

残像が連続している

まばたきが新しい残像を生んでいる

残像が萎《しぼ》むと閉じる

顔全体が大きな瞼

瞼の派生

景色を掴んでいる

啄《ついば》んでいる

キッツキ

景色のキツツキ

嘴《くちばし》が樹皮を突く強さ

意識的にやると弱い

意識の外のリズム

不規則

まばたきの間に座っている

まばたきの間を生きている

自分の一番強い力

東京の部屋を説明する

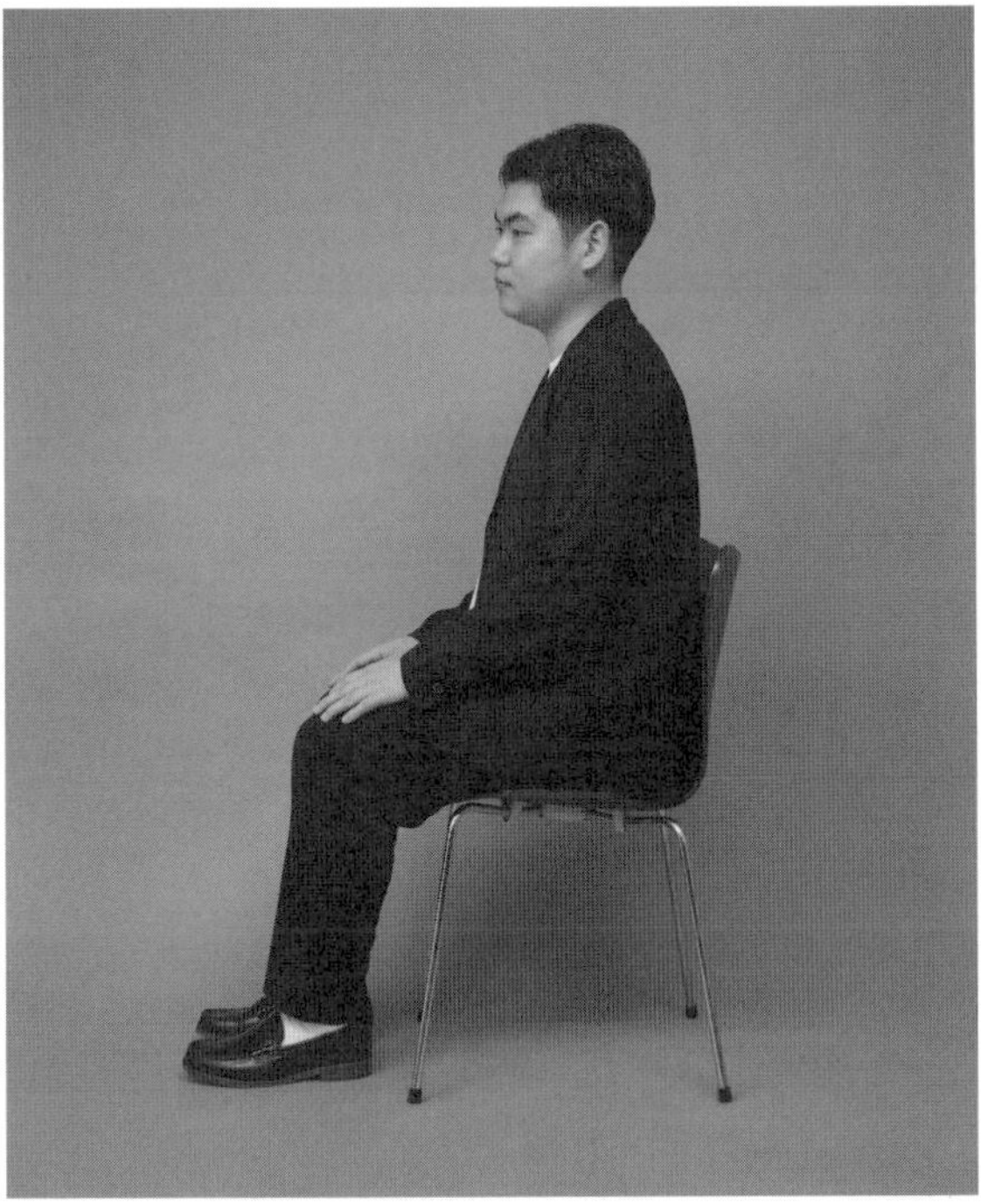

狭い

壁が白い

物が多い

物と住んでいる

物が積まれている

物の塔

物の塔の横にいる

明るい

外と近い

縦長の直方体

白いキューブ

たぶんずっといることはない

途中の居場所

壁が内側に迫っている

頭の中と同じ配置

広くしたい

広くしたい気持ちを刺激される

ぶら下がっている

ぶら下がる場所を探している

白くないものを塗って白くしている

白くなかったから白い

音が多い

音に溢《あふ》れている

音と住んでいる

音が境界を曖昧にしている

境界に妥協している

妥協に納得している

妥協と納得が近い

妥協と納得が積み上がっている

妥協と納得に挟まれて寝ている

妥協の塔

妥協のキューブ

置くことと捨てることが近い

捨てずに置いている

捨てていない

捨てることに勇気がいる

出せなかった勇気が溜まっている

勇気が待機している

勇気に励まされている

勇気を求められている

妥協と納得と勇気

この本の厚さを説明する

白い

押すと固い

押さないと固くない

詰まっている

圧縮されている

持てる
持つ感覚がある

持つ束《たば》

スポーツ用品の厚さ

箱を縮めた厚さ

線

線の束の厚さ

段差

階段の厚さ

この厚さを踏んだことがある

底の厚さ

底を取り出している

目の高さにある底

持てる底

サンプルの木材の厚さ

ビデオ

ビデオの厚さ

時間が詰まっている

時間を畳んだ厚さ

情報の記録

記録の厚さ

固いのに曲がる
しなる

しなやかなビデオ

半分にする前の厚さ

見本のステーキの厚さ

実際には焼かれない肉の厚さ

健康な歯のアニメ

幅が動いている

泳ぐ鳥の厚さ

波の上の部分

目線

目線の厚さ

最初の弁当の厚さ

長い髪の厚さ

手で梳《す》いた長い髪

凹まないで曲がっている

ぎりぎり割れる厚さ

建築にこの厚さがある

川の東

白い川の束

川の束が白い

緩んだときに話そうとする

話したい川の形

話したい口の束

唇を結んでいる
黙っている

本当は話したい唇の形

あ

ん

あの日の束

んを重ねた厚さ

言わなかった言葉の束

今この厚さの内側にいる

白い言葉の厚さ

あとがき

「谷川俊太郎さんに帯文をお願いしてきたのですが……」。編集の村井光男さんが膝に手を置きながら話してくれた。「残念ながら、頂戴することはできませんでした」。ああ全然まあまあはい、いや全然そんな、聞いてくださっただけでありがたいですほんとに。夏の喫茶店。ひくいグラスのかたちに氷水が満ちていた。「『僕は「定義」には興味があるけど、「説明」には興味がないので帯は書けません』とのことでして」。うわあ、え、すごい、なんかもうそれが帯じゃないですか。「いやそうですよね僕も思ったんですよ」。村井さんが笑ってくれた。笑いながらつくった。後日、谷川さんが帯に使うのをゆるしてくれた。歌人の穂村弘さんが解説を書いてくれた。本当だったらどうしよう。信じられない夏の出来事を信じることにした。あなたがページをめくってくれて、僕の説明は本になった。

二〇二四年、秋の真ん中　鈴木ジェロニモ

鈴木ジェロニモ（すずき・じぇろにも）

一九九四年生まれ。栃木県出身。お笑い芸人。歌人。プロダクション人力舎所属。

本書は、二〇二三年から自身のYouTubeチャンネル「鈴木ジェロニモ」にて発表した「説明」から再構成し、収録しました。「この本の厚さを説明する」は本書のための書き下ろしです。

水道水の味を説明する

初版第一刷発行　二〇二四年十一月十七日

著者　鈴木ジェロニモ
写真　井上佐由紀
装丁　名久井直子
組版　小林正人(OICHOC)
発行人　村井光男
発行所　株式会社ナナロク社
〒一四二-〇〇六四
東京都品川区旗の台四-六-二十七
電話　〇三-五七四九-四九七六
印刷所　創栄図書印刷株式会社

ISBN 978-4-86732-030-3 C0095